jamie
& friends

Snacks & Fingerfood

jamie
& friends

Willkommen

© David Loftus

Ich liebe Tapas, Mezze, all diese kleinen Gerichte, die auf dem Tisch stehen, damit jeder sich nach Herzenslust etwas davon herauspicken kann. So hat man auch Gelegenheit, verschiedene Sachen zu kosten und neue Geschmacksrichtungen auszuprobieren. Das ideale Essen für einen Abend, den man mit Freunden in entspannter Atmosphäre verbringt. Suchen Sie sich Ihre Lieblingsrezepte heraus und bieten Sie die Speisen traditionell auf Tellern und in Schälchen an.

Jamie Oliver ist ein Phänomen in der Kochwelt. Er gehört zu den beliebtesten Persönlichkeiten im Fernsehen und zu den bekanntesten Gesichtern Großbritanniens.

Jamie hat die Menschen dazu gebracht, mehr Zeit in der Küche zu verbringen und sogar ihre eigenen Gemüsegärten zu pflegen. Seine Sendungen werden in über 100 Ländern ausgestrahlt, darunter Deutschland, USA, Australien, Südafrika, Brasilien, Japan und Island. Seine Kochbücher werden in mehr als 30 Sprachen übersetzt und sind weltweit Bestseller.

Die Restaurantkette *Jamie's Italian* ist im Vereinigten Königreich äußerst beliebt. Das 2002 eröffnete Restaurant *The Fifteen* ermöglicht benachteiligten jungen Menschen eine Ausbildung in den drei über die Welt verteilten Lokalen, die nur hochwertige Produkte verwenden. Sein neues Londoner Restaurant *Barbecoa* wurde in Zusammenarbeit mit dem amerikanischen Koch Perry Lang eröffnet. Jamie pendelt zwischen London und Essex. Er ist verheiratet mit Jools und hat vier Kinder: Poppy, Daisy, Petal und Buddy.

13

14

31

41

77

80

INHALT

Reply

FINGER-FOOD

REZEPTE

Käse-Sardellen-Grissini • Würzige englische Knabberstangen • Halloumi-Spieße • Geröstete Salzmandeln • Knusprige Schweineschwarte im Pub-Stil • Chorizo aus der Pfanne • Hummus • Salt- & Vinegar-Chips

Für 4–6 Personen

KÄSE-SARDELLEN-GRISSINI

von Peter Begg

ZUTATEN

- 3 Zweige Rosmarin
- 4 Sardellenfilets in Öl (aus der Dose) + 1 EL dieses Öls
- 6 Blätter Filoteig (siehe Seite 70)
- 150 g geriebener Parmesan
- schwarzer Pfeffer

1 Den Ofen auf 190 °C vorheizen. Die Blättchen von den Rosmarinzweigen abstreifen und im Mörser zerstoßen. Die Sardellen mit dem Öl untermischen und zu einem Püree verrühren.

2 1 Blatt Filoteig auf einer bemehlten Arbeitsfläche ausrollen und mit der Sardellenmischung bestreichen. Etwas Parmesan und Pfeffer darüberstreuen. Mit einem zweiten Blatt Filoteig bedecken. Den Arbeitsschritt wiederholen und ein drittes Blatt darüberlegen. Mit einer zweiten Schicht Teigplatten ebenso verfahren.

3 Die Teigplatten in 1,5 cm breite Streifen schneiden und in eine Auflaufform legen. Eine zweite feuerfeste Form daraufstellen, damit sich der Filoteig während des Backens nicht verzieht. Im Backofen 13–15 Minuten backen, bis die Grissini goldbraun und knusprig sind. Etwas abkühlen lassen und auf einen Teller mit Küchenpapier legen, damit das überschüssige Öl aufgesaugt wird. Die Grissini lauwarm oder kalt servieren. (Bild siehe Seite 13 rechte Seite)

Für 6–8 Personen

WÜRZIGE ENGLISCHE KNABBERSTANGEN

von Peter Begg

ZUTATEN

- ½ EL Zucker
- 1 gestrichener TL Trockenbackhefe
- 350 g Mehl Type 550
- Salz
- Öl, zum Einfetten der Schüssel
- 2 Eigelb
- 4 EL Milch
- 1 EL Marmite® (englische Würzpaste bzw. Brotaufstrich, ein Hefeextrakt mit intensivem Hefegeschmack)
- 1 Würfel Rinderbrühe

1 200 ml lauwarmes Wasser, Zucker und Hefe in die Schüssel einer Küchenmaschine mit Knethaken geben. 5 Minuten ruhen lassen, bis die Mischung zu schäumen beginnt. Mehl und 1 Teelöffel Salz unterrühren. Langsam kneten. Sobald eine Teigkugel entsteht, noch 5 Minuten weiterkneten, dann das Gerät ausschalten. Den Teig in eine mit Öl eingefettete Schüssel geben. Mit Frischhaltefolie abdecken und an einem warmen Ort etwa 30 Minuten ruhen lassen.

2 Einen großen Topf Wasser zum Kochen bringen. In einer Schüssel Eigelbe, Milch und Marmite® zu einer dünnflüssigen Masse verrühren. Eine Arbeitsplatte mit Backpapier bedecken. Kirschgroße Teigportionen auf die Arbeitsfläche geben und zu dünnen Stangen rollen. (Bild siehe Seite 13 linke Seite)

© Emma Lee

3 Die Teigstangen auf das Backpapier legen und nacheinander in kochendes Wasser geben. 1 Minute garen. Mit einer Zange herausfischen und zum Abtropfen in ein Sieb legen. Mit den übrigen Teiglingen ebenso verfahren. Anschließend die Teiglinge auf dem Backpapier mit der Marmite®-Masse bestreichen, die einzelnen Stücke sollen sich nicht berühren.

4 Den Backofen auf 180 °C vorheizen. Die Teiglinge mit dem zerbröselten Brühwürfel und mit Salz bestreuen. Im Backofen 10 Minuten backen. Die Temperatur auf 160 °C reduzieren und die Knabberstangen noch 20 Minuten weiterbacken, bis sie leicht goldbraun und knusprig sind. Falls erforderlich, die bereits fertig gebackenen Stangen herausnehmen und die übrigen im Backofen belassen.

Für 12 Spieße

HALLOUMI-SPIESSE

von Recipease

Bei der Eröffnung von Recipease waren diese Spieße ein Teil des Menüs. Sie eignen sich perfekt für ein sommerliches Mittagessen. Falls Sie Holzspieße verwenden, legen Sie sie vorher für 3 Stunden ins Wasser, damit sie beim Grillen nicht verbrennen.

ZUTATEN

- 250 g Halloumi (zyprischer Käse), in 24 Würfel geschnitten
- 150 g Focaccia (italienisches Fladenbrot), in 12 Würfel geschnitten
- 2 Zucchini, mit einem Sparschäler in Streifen geschnitten
- 1 rote Paprikaschote, Stielansatz, Samen und Scheidewände entfernt, in 12 Stücke geschnitten
- 12 Kirschtomaten
- Olivenöl, zum Beträufeln

Für die Marinade

- 2 Knoblauchzehen, geschält und in dünne Scheiben geschnitten
- 4 Lauchzwiebeln, in schräge Ringe geschnitten
- 1 kleine rote Chilischote, entkernt und in dünne Ringe geschnitten
- 10 Stängel Koriandergrün, Blätter abgezupft und fein geschnitten
- 10 Blätter frische Minze, fein geschnitten
- 3 Bio-Zitronen
- 60 ml Olivenöl

1 Die Marinade zubereiten: Alle Zutaten mit Ausnahme der Zitronen in einer großen Schüssel vermengen. Die Schale von 2 Zitronen abreiben und alle auspressen. Zitronenabrieb und -saft ebenfalls in die Schüssel geben, dann verrühren. Halloumi und Focaccia hinzufügen. Verrühren, dann mit Frischhaltefolie abdecken und für 1 Stunde in den Kühlschrank stellen.

2 Auf jeden Spieß 1 Stück Focaccia, 1 Stück Halloumi und 1 mehrfach gefalteten Zucchinistreifen stecken, dann 1 weiteres Stück Halloumi, 1 Stück Paprika und 1 Tomate. Alle Spieße bestücken, bis die Zutaten aufgebraucht sind.

3 Eine gusseiserne Grillpfanne erhitzen und ein wenig Öl daraufträufeln. Die Spieße 5–10 Minuten grillen, dabei wenden, bis sie schön goldbraun sind. Heiß servieren.

© Dan Jones

Für eine noch pikantere Variante können Sie das Paprikapulver durch je 1 Teelöffel Cayennepfeffer und gemahlenen Kreuzkümmel ersetzen. Vermischen Sie Mandeln und Gewürze mit 1 leicht geschlagenen Eiweiß und geben Sie die Mandeln in den Backofen.

Für 100 g

GERÖSTETE SALZMANDELN

von Laura Fyfe

ZUTATEN

- 100 g Mandeln
- 1 EL Öl
- 1 Prise Salz
- 1 Prise Paprikapulver
- Sherry, zum Servieren

1 Den Backofen auf 180 °C vorheizen. Die Mandeln mit Öl, Salz und Paprikapulver überziehen. Auf einem Backblech verteilen und im Backofen 5 Minuten goldbraun backen, bis die Mandeln geröstet sind und die Aromen sich entfaltet haben. Gut im Auge behalten, da sie schnell verbrennen können.

2 Die Mandeln in tiefe Teller oder Schälchen füllen und bei Zimmertemperatur servieren. Zusammen mit einem Glas gekühlten Sherry genießen.

Für 6–8 Personen

KNUSPRIGE SCHWEINESCHWARTE IM PUB-STIL

von Peter Begg

© Emma Lee

ZUTATEN

- 600 g Schweineschwarte (am Stück)
- 1 TL Fenchelsamen
- Salz

1 Backofen auf 180 °C vorheizen. Die Schwarte mit der Haut nach unten auf die Arbeitsfläche legen. Mit einem scharfen Messer die Fettschicht mehrfach leicht einschneiden.

2 Die Fenchelsamen zusammen mit 1 Esslöffel Salz in einem Mörser zerstoßen. Das Fleisch mit der Mischung bestreuen, insbesondere die Einschnitte. Die Schwarte mit der Schere in Stücke schneiden, diese in eine Auflaufform legen und in den Backofen schieben. Während des Backens tritt viel Fett aus der Schwarte aus; am besten das Fett regelmäßig abnehmen und für später aufbewahren, zum Beispiel für Bratkartoffeln.

3 Nach 20 Minuten Backzeit die Temperatur des Backofens auf 160 °C reduzieren und die Schwarten noch 35–40 Minuten weiterbacken, bis sie fest und knusprig sind.

4 Die fertigen Schwartenstücke auf einen Teller mit zwei Lagen Küchenpapier legen. Lauwarm oder kalt servieren. Dazu passt ein Glas kühles englisches Bier.

Schnell in der Zubereitung, preiswert und lecker – das Gericht ist nicht umsonst ein Klassiker!

Für 12 Personen

CHORIZO AUS DER PFANNE

von Ginny Rolfe

ZUTATEN

- 200 g Chorizo, aufgeschnitten
- Blättchen von 2 Zweigen Rosmarin, gehackt
- 1 kleiner Schuss Sherryessig
- abgeriebene Schale von ½ Bio-Zitrone
- Blätter von 4 Stängeln glatter Petersilie (nach Belieben)

1 Eine Bratpfanne erhitzen und die Chorizoscheiben bei starker Hitze anbraten. Sobald das Fett ausgetreten ist, den Rosmarin hinzugeben. Wenn die Chorizo knusprig ist, den Bratensatz mit dem Essig ablöschen und die Chorizoscheiben auf einer Servierplatte anrichten.

2 Die Chorizoscheiben mit abgeriebener Zitronenschale und, je nach Geschmack, mit Petersilienblättern bestreuen. Sofort servieren.

Chorizo ist eine spanische Wurst, die aus Schweinefleisch hergestellt wird. Es gibt auch eine Variante aus Schweine- und Rindfleisch. Was die Wurst indessen einzigartig macht, ist ihr Gewürz: Neben Salz ist das vor allem *pimentón*, eine bestimmte Paprikasorte.

Für 4–6 Personen

HUMMUS

von Kate McCullough

ZUTATEN

- 400g Kichererbsen (aus der Dose)
- 1 EL *Tahina* (Sesampaste)
- 2 Knoblauchzehen, geschält
- Saft von 1 Zitrone
- 3 EL natives Olivenöl extra
- Salz und Pfeffer
- 1 TL *Harissa* (tunesische Würzpaste, siehe Seite 73) oder geschmorte Paprika (nach Belieben)

1 Kichererbsen, *Tahina*, Knoblauch, Zitronensaft, Olivenöl sowie je 1 Prise Salz und Pfeffer in einer Küchenmaschine oder dem Standmixer pürieren.

2 Das Hummus ist nun fertig, je nach Geschmack kann man außerdem 1 Teelöffel *Harissa* oder geschmorte Paprika hinzugeben und nochmals mixen. Mit rohem Gemüse, Pita-Chips oder in einem Sandwich servieren.

Kleiner Tipp: Für ein besonders köstliches Hummus können Sie das Tafelsalz durch grobes Meersalz ersetzen. Verwenden Sie auch unbedingt bestes natives Olivenöl extra.

Da ich kein richtig gutes traditionelles Hummus-Rezept kannte, habe ich dieses hier entwickelt, das inzwischen zu meinen Lieblingsgerichten gehört!

Ein typisch englisches Gericht! Der kräftige, saure Geschmack des Essigs wird durch die milden Kartoffeln ausgeglichen.

Für 4–6 Personen

SALT- & VINEGAR-CHIPS

von Peter Begg

ZUTATEN

- 2 l Pflanzenöl
- 6 King-Edward-Kartoffeln, gewaschen und ungeschält
- Cidre-Essig, zum Beträufeln
- Salz

1 Einen großen Topf aus rostfreiem Stahl mit Öl füllen und bei mittlerer Hitze erwärmen. Um zu testen, ob das Öl heiß genug ist, am besten ein Stück Brot hineinwerfen. Wenn dieses bräunt und an die Oberfläche steigt, kann man beginnen. Falls das Öl raucht, die Hitze reduzieren und vor dem Frittieren etwas abkühlen lassen.

2 Mit einem Gemüsehobel die Kartoffeln in dünne Scheiben hobeln. Dabei nicht zu sehr aufdrücken, damit die Scheiben hauchdünn werden. Man sollte seine Finger durchscheinen sehen.

3 Die Scheibchen nacheinander vorsichtig ins heiße Öl geben und mit einem Schaumlöffel voneinander trennen. 3–4 Minuten frittieren. Eine Ofenform mit Küchenpapier auslegen und die Chips, sobald sie goldbraun sind, zum Abtropfen darauflegen. Mit 1 Spritzer Essig beträufeln und 1 Prise Salz würzen. Lauwarm servieren.

© Emma Lee

KLEINE HÄPPCHEN

REZEPTE

Gefüllte Artischocken • Feigen mit Ziegenkäse und Honig • Lachs-Tartelettes mit Ziegenkäse • Vietnamesische Frühlingsrollen • Austern à la Rockefeller • Winterliche Gemüsesuppe • Knusprige Häppchen mit Weichkäse, Feige und Haselnüssen • Knuspriges Entenfleisch auf der Gabel • Party-Gabeln

Für 12 Häppchen

GEFÜLLTE ARTISCHOCKEN

von Familie Ravida

ZUTATEN

- 2 Zitronen, in der Mitte halbiert
- 12 kleine Artischocken
- 3 EL Paniermehl
- 3–4 EL geriebenen Pecorino oder Parmesan
- 1 TL abgeriebene Schale einer Bio-Zitrone
- 1 TL gehackte glatte Petersilie
- 1 Knoblauchzehe, geschält und zerdrückt
- 4 EL Olivenöl
- Salz und Pfeffer

Das Rezept mit den gefüllten Häppchen ist eine Hommage an Italien. Wenn Sie statt Pecorino lieber Parmesan mögen, nehmen Sie Parmigiano Reggiano, er ist besser als der Grana Padano.

1 Die Zitronenhälften in eine Schale mit kaltem Wasser auspressen. Den harten Teil der Artischockenstiele abschneiden und den Rest schälen. Die äußeren Blätter entfernen, die obere Hälfte abschneiden und das Herz der Artischocken säubern. Die Artischocken in das Zitronenwasser legen, damit sie nicht schwarz werden.

2 Paniermehl, Käse, abgeriebene Zitronenschale, Petersilie, Knoblauch und die Hälfte des Olivenöls in einen tiefen Teller geben und vermischen. Reichlich salzen und pfeffern.

3 Die Artischockenherzen mit dem aromatisierten Paniermehl füllen und in einen großen Topf setzen. Bis zur halben Höhe der Artischockenherzen mit Wasser füllen, salzen und das restliche Öl zugießen. Bedecken und bei mittlerer Hitze zum Kochen bringen, dann 15 Minuten köcheln lassen, bis die Artischockenherzen weich sind. Lauwarm servieren.

© David Loftus

Für 12 Häppchen

FEIGEN MIT ZIEGENKÄSE UND HONIG

von Georgie Socratous

ZUTATEN

- 2 EL Honig
- einige Zweige Thymian, Blättchen abgezupft
  + Thymian, zum Garnieren
- 6 Feigen, halbiert
- Salz und Pfeffer
- 125 g Ziegenkäse (Frisch- oder Hartkäse)
- 2 EL Pinienkerne, geröstet

1 In einem kleinen Topf den Honig mit den Thymianblättchen bei mittlerer Hitze einige Minuten erwärmen, anschließend ziehen lassen.

2 Eine gusseiserne Grillpfanne bei starker Hitze erwärmen. Die Feigen mit dem Fruchtfleisch nach unten darauf verteilen und grillen. Gut mit Salz und Pfeffer würzen.

3 Auf jede Feigenhälfte je 1 Löffel Ziegenkäse und Honig verteilen. Mit gerösteten Pinienkernen bestreuen und mit Thymianblättchen garnieren.

Feigen sind ein wahrer Gaumenschmaus! Dies ist eine besonders köstliche Form, sie zu genießen. Sie werden nie zu viel davon bekommen, versprochen …

Feigen passen auch sehr gut zu Frischkäse vom Typ Philadelphia® oder zu Ricotta: Probieren Sie ruhig verschiedene Varianten aus!

Für 12–15 Tartelettes

LACHS-TARTELETTES MIT ZIEGENKÄSE

von Andy Harris

ZUTATEN

- 125 g Ziegenfrischkäse
- 1 TL fein gehackte Minze, Petersilie, Dill und Schnittlauch + Dill, zum Garnieren
- Salz und Pfeffer
- 125 g Räucherlachs in Scheiben
- 12–15 fertige Tartelette-Böden

1 Den Ziegenfrischkäse mit einer Gabel zerdrücken und mit den Kräutern vermengen. Nach Geschmack mit Salz und Pfeffer würzen.

2 Die Räucherlachsscheiben auf einer Arbeitsfläche ausbreiten und auf jede etwas Kräuterfrischkäse geben.

3 Den Frischkäse gleichmäßig verstreichen, dann die Lachsscheiben aufrollen. Stücke in der Größe der Teigböden abschneiden und diese Lachsröllchen in die Tartelettes setzen. Vor dem Servieren mit Dill bestreuen.

Geräucherten Lachs habe ich schon immer geliebt. Als ich noch über dem Pub meiner Eltern wohnte, durfte ich mir aussuchen, was ich zum Mittagessen wollte. Ich bat meine Mutter stets darum, mir Sandwiches mit Räucherlachs zu machen … Ein Gedicht!

Für 12 Rollen

VIETNAMESISCHE FRÜHLINGSROLLEN

von Kate McCullough

Wenn man einmal den Bogen raus hat, sind diese vietnamesischen Klassiker einfach herzustellen. Mit geschnetzeltem Schweine- oder Hühnerfleisch gefüllt sind sie auch sehr lecker, oder mit viel in feine Streifen geschnittenem Gemüse wie Karotten, Kohl und Pilzen.

ZUTATEN

- 12 Reispapierblätter
- 200g gekochte Garnelen ohne Schalen (oder Tofu oder geschnetzeltes Hühnerfleisch)
- 50g Reisfadennudeln, nach Packungsanleitung gekocht
- Blätter von 1 Bund Minze, Koriandergrün und Thai-Basilikum
- ½ Gurke, in Julienne (feine Streifen) geschnitten
- 4 Frühlingszwiebeln, in Streifen geschnitten

Für die Sauce

- 1 Chilischote, entkernt und gehackt
- 2 EL Sojasauce und *Nuoc mâm* (vietnamesische Fischsauce)
- Saft von 1 Limette

1 Die Frühlingsrollen am besten Stück für Stück fertigstellen: Ein Reisblatt in warmes Wasser tauchen und auf ein feuchtes Küchentuch legen. Ein Drittel des Blatts mit Garnelen belegen. Die übrigen Zutaten darüberschichten, und das Blatt mit der Füllung zu einem Päckchen rollen, dabei nach und nach die Ränder einschlagen.

2 Alle Zutaten der Sauce vermischen und diese als Dip zu den Frühlingsrollen reichen.

Für 6 Austern

AUSTERN À LA ROCKEFELLER

von Ginny Rolfe

Diese Vorspeise, sicher eines der beliebtesten Austernrezepte in Großbritannien, kann nach Lust und Laune abgewandelt werden.

ZUTATEN

- 500 g grobes Salz
- 6 frische Austern in der Schale, geöffnet
- 3 Frühlingszwiebeln, grob gehackt
- 1 Stange Staudensellerie, grob gehackt
- einige Stängel Estragon, Blätter abgezupft und gehackt
- 1 kleine Handvoll Paniermehl
- einige Tropfen Tabasco®
- 1 EL weiche Butter
- Salz und Pfeffer

1 Das grobe Salz gleichmäßig auf den Boden einer feuerfesten Form verteilen. Die Austern auf dieses Bett aus grobem Salz setzen.

2 Den Backofengrill vorheizen. Mit der Küchenmaschine oder dem Stabmixer alle übrigen Rezeptzutaten zu einer Paste pürieren. Mit Salz und Pfeffer würzen und etwas von dieser Füllung auf jede Auster geben. Etwa 10 Minuten backen, bis die Kruste goldbraun und knusprig ist.

Bitten Sie ruhig Ihren Fischhändler darum, die Austern zu öffnen. Andernfalls machen Sie es selbst: Sie öffnen sie mit einem kleinen Messer oder Austernmesser und halten dabei die Auster mit einem Geschirrtuch fest. Servieren Sie sie am selben Tag, an dem sie geöffnet wurde – auf einem Bett aus zerstoßenem Eis oder grobem Salz.

Für 6 bis 8 Portionen

WINTERLICHE GEMÜSESUPPE

von Sarah Tildesley

Mitten im Winter gibt es nichts Besseres als eine gute, stärkende Suppe. Laden Sie Ihre Freunde an langen Winterabenden zu einer gemütlichen Suppenbar ein!

ZUTATEN

- 6 Karotten, geschält und gehackt
- 1 Pastinake, geschält und gehackt
- 1 große Kartoffel, geschält und gehackt
- 1 Stange Lauch, gehackt
- 1 Zwiebel, geschält und gehackt
- 1 Apfel, geschält, vom Kerngehäuse befreit und gehackt
- 2 Knoblauchzehen, geschält und zerdrückt
- Olivenöl, zum Anbraten
- Salz und Pfeffer
- edelsüßes Paprikapulver, zum Garnieren
- mit Butter bestrichene Brotscheiben, zum Servieren

1 In einem großen Topf Gemüse, Apfel und Knoblauch in einem kräftigen Schuss Öl anbraten. Je nach Geschmack mit Salz und Pfeffer würzen.

2 Bei mittlerer Hitze unter gleichmäßigem Rühren 10 Minuten dünsten, bis das Gemüse allmählich weich wird. 2 Liter Wasser angießen, zum Kochen bringen, dann nur noch köcheln lassen.

3 30 Minuten sanft köcheln lassen: Das Gemüse sollte weich sein. Mit einem Stabmixer pürieren. Mit Paprika bestreuen und mit gebutterten Brotscheiben servieren.

© David Loftus

Für 16 Häppchen

KNUSPRIGE HÄPPCHEN MIT WEICHKÄSE, FEIGE UND HASELNÜSSEN

von Jamie Oliver

Wer kann diesen köstlichen Häppchen aus knackigem grünem Salat, süßer Feige, geschmolzenem Käse und knusprigen gerösteten Haselnüssen schon widerstehen?

ZUTATEN

- 50 g Haselnusskerne, geschält
- 2 EL flüssiger Honig
- 1 Camembert
- einige Zweige Thymian, Blättchen abgezupft
- 1 Knoblauchzehe, geschält und in dünne Scheiben geschnitten
- Salz und Pfeffer
- Olivenöl, zum Beträufeln
- 1 Kopfsalat
- einige Minzeblättchen
- 4 frische Feigen

1 Den Backofen auf 190 °C vorheizen. Die Haselnüsse auf ein Backblech legen und im Backofen 7–8 Minuten goldbraun rösten. Die Nüsse ganz mit Honig überziehen. Nochmals für einige Minuten in den Backofen geben. Abkühlen lassen, dann in einem Mörser grob zerstoßen.

2 Den Käse aus der Verpackung nehmen, die Rinde abschneiden und den Käse mit Thymian und Knoblauch spicken. Salzen, pfeffern und mit Olivenöl beträufeln. Den Käse in eine Auflaufform setzen und 10–12 Minuten backen, bis er geschmolzen ist.

3 Inzwischen die äußeren Blätter des Salats entfernen. Die größeren davon beiseitelegen und für einen anderen Zweck verwenden. Nur 16 Blätter aus dem Salatherz behalten, sie dienen später als Schälchen. In jedes Salatblatt 1 Löffel geschmolzenen Käse geben. Mit Nüssen bestreuen und ein paar Minzeblättchen darüberlegen. Mit den Feigenvierteln servieren.

Für 20 Häppchen

KNUSPRIGES ENTENFLEISCH AUF DER GABEL

von Ginny Rolfe

Die bunten, mit warmem Entenfleisch, frischer Minze und saftiger Clementine bestückten Gabeln runden Ihre geselligen Abende auf originelle Weise geschmacklich ab. Eine halbe Ente reicht völlig, die Reste können Sie für eine Pasta oder einen herzhaften Eintopf verwenden.

ZUTATEN

- 1 Ente
- Salz und Pfeffer
- 1 Stück Ingwer (2 cm), geschält und in dünne Scheiben geschnitten
- 1 TL Fünf-Gewürze-Pulver (asiatische Gewürzmischung)
- einige kräftige Prisen gemahlener Zimt
- 4 Clementinen
- 1 kleines Bund Minze, Blätter abgezupft
- Kerne von 1 Granatapfel
- Apfelspalten, Friséesalat, Kresse, Rucola oder Walnüsse (nach Belieben), zum Servieren

Für die Zitronen-Chili-Sauce

- 3 EL Olivenöl
- Saft von 1 Zitrone
- 1–2 rote Chilischoten, entkernt und fein gehackt

1 Den Backofen auf 190 °C vorheizen. Die Ente innen und außen mit Salz und Pfeffer würzen. Mit Ingwer und Gewürzen einreiben.

2 Die Ente in einen Bräter legen und 2 Stunden im Backofen braten, nach 1 Stunde mit Bratfett übergießen. Abkühlen lassen und das Fleisch von den Knochen lösen, klein schneiden und in einer großen Schüssel beiseitestellen.

3 Die Clementinen schälen, dabei möglichst auch die weiße Haut mit abziehen. Längs in dünne Scheiben schneiden und zusammen mit der Minze in eine andere Schüssel geben. Die Granatapfelkerne hinzufügen.

4 Die Sauce zubereiten: Alle Zutaten in einem sauberen Marmeladenglas mischen. Kurz vor dem Servieren das warme Entenfleisch mit der Fruchtmischung vermengen und etwas Sauce darüberträufeln. Clementine, Entenfleisch und Minze jeweils mit einer Gabel aufspießen, einige Granatapfelkerne darübergeben. Je nach Geschmack kann man zur Abwechslung auch Apfelspalten, Friséesalat, Kresse, Rucola oder Walnüsse damit kombinieren. Arbeitsschritt wiederholen, bis alle Zutaten aufgebraucht sind.

© Tara Fisher

So viel Sie wollen!

PARTY-GABELN

von Jamie Oliver

ZUTATEN

Vorschlag 1

- Feige
- Mozzarella
- Minzeblätter
- Prosciutto (Parmaschinken), in Scheiben geschnitten
- Olivenöl und Balsamico-Essig, zum Beträufeln

Vorschlag 2

- Rote Bete, gekocht
- Räucherlachs, in Scheiben
- Sahnemeerrettich
- Kresse
- Zitronensaft
- Olivenöl, zum Beträufeln

Vorschlag 3

- Zucchini in verschiedenen Farben
- Feta, gewürfelt
- grüne Oliven ohne Stein
- Minzeblätter
- rote Chilischote, entkernt und in dünne Ringe geschnitten

Vorschlag 4

- Bresaola (luftgetrockneter Rinderschinken aus Italien)
- Senf
- *Coleslaw* (englischer Krautsalat)
- Gewürzgürkchen
- Zitronensaft und Olivenöl, zum Beträufeln

- **Vorschlag 5**
- gekochte Garnelen ohne Schale
- Cocktailsauce
- Römischer Salat oder Salatherzen
- Zitronensaft und Olivenöl, zum Beträufeln

1 Vorschlag 1: Die Feige (oder einen Pfirsich, eine Clementine, ein Stück Honigmelone) vierteln. 1 dünne Mozzarellascheibe abschneiden. 1 Minzeblatt dazugeben, das Ganze mit Prosciutto umwickeln und mit einer Gabel aufspießen. Mit Olivenöl und Balsamico-Essig beträufeln.

2 Vorschlag 2: Die Rote Bete in Scheiben schneiden. 1 Scheibe Räucherlachs mit Meerrettich bestreichen. 1–2 Scheiben Rote Bete, etwas Kresse und Zitronensaft darauf verteilen. Auf eine Gabel spießen und mit Olivenöl beträufeln.

3 Vorschlag 3: ein Hauch von Griechenland. Die Zucchini in Streifen schneiden. 1 Stück Feta, 1 grüne Olive, 1 Minzeblatt und ein wenig frische Chili mit 2 Zucchinistreifen umwickeln. Auf eine Gabel stecken.

4 Vorschlag 4: Die Bresaola mit Senf bestreichen und etwas *Coleslaw* daraufgeben. 1 Gewürzgürkchen hinzufügen und das Päckchen mit dem Schinken verschließen. Auf eine Gabel spießen und mit etwas Olivenöl und Zitronensaft beträufeln.

5 Vorschlag 5: Garnelen mit der Cocktailsauce mischen. Ein wenig davon auf ein Salatblatt geben, etwas Zitronensaft und Olivenöl hinzufügen. Auf einer Gabel zu einem prächtigen Garnelenhäppchen anrichten.

KROKETTEN & CO

REZEPTE

„Haggis"-Kroketten • Kartoffel-Kohl-Kroketten • Schinken-Käse-Kroketten • Frittiertes Rum-Hähnchen mit Mais-Salsa • Ricotta-Kroketten • Frittierter Blumenkohl mit würziger Tomatensauce • Teigtaschen mit Schweinefleisch-Kohl-Füllung • Süßkartoffel-Wedges mit Chili-Salsa

Für 45 Kroketten

„HAGGIS"-KROKETTEN

von Abi Fawcett

© Jan Baldwin

ZUTATEN

- 1kg Kartoffeln, geschält und halbiert
- Salz und Pfeffer
- 200g geriebener Käse (zum Beispiel Cheddar)
- 4–6 EL Mehl + Mehl, zum Bestäuben
- 2 Eier
- 200g gekochtes *Haggis* (Internethandel)
- 400ml Pflanzenöl
- Tomatenchutney, zum Servieren

1 Die Kartoffeln in kochendem Salzwasser 25–30 Minuten weich garen. Abgießen und durch die Kartoffelpresse drücken. Solange die Kartoffeln noch heiß sind, Käse, Mehl, Eier und *Haggis* dazugeben. Reichlich salzen und pfeffern. Alles gut vermengen und abkühlen lassen.

2 Eine Platte mit Mehl bestäuben. Aus der Kartoffelmasse walnussgroße Kugeln ausstechen und zu Kroketten rollen. Diese auf die Platte legen.

Mit diesem Gericht können sich auch Anfänger getrost an „Haggis" heranwagen, eine traditionelle schottische Spezialität aus gefülltem Schafsmagen.

Es sollte 45 Kroketten ergeben. Das Öl in einer Pfanne erhitzen und die Kroketten portionsweise darin 1–2 Minuten goldbraun braten. Auf Küchenpapier abtropfen lassen. Heiß mit Tomatenchutney servieren.

Für 16 – 20 Kroketten

KARTOFFEL-KOHL-KROKETTEN

von Chris Gates

© Sam Stowell

ZUTATEN

- 3 Scheiben Räucherspeck, fein gewürfelt
- Olivenöl, zum Anbraten
- 2 Schalotten, geschält und fein gewürfelt
- 250 g Rosenkohl oder ½ Weißkohl, in dünne Streifen geschnitten
- 400 g Kartoffeln, gekocht
- 1 Eigelb
- 1 Prise Muskatnuss, frisch gerieben
- 1 TL grobkörniger Senf + 1 EL Senf, zum Anmachen
- Pfeffer
- 1 Handvoll Paniermehl aus Weißbrot
- einige Blätter Salbei, gehackt
- 2 EL Mehl + Mehl zum Bestäuben
- 1 Ei, verquirlt
- Planzenöl, zum Frittieren
- 5 EL Mayonnaise

1 Etwas Öl in einer großen Pfanne erhitzen und den Räucherspeck darin einige Minuten braten. Sobald er zu bräunen beginnt, die Temperatur reduzieren und die Schalotten zugeben. Wenn der Speck knusprig ist, den Rosenkohl und ein wenig Wasser hinzufügen. Abdecken und einige Minuten schmoren, dann vom Herd nehmen.

2 In einer Schüssel die Kartoffeln zerstampfen, dann Eigelb, Muskatnuss, den Teelöffel Senf, 1 Prise Pfeffer, Räucherspeck, Schalotten und Kohl untermischen. Die Hände mit Mehl bestäuben und aus Teigportionen von der Größe eines Golfballs mehrere Zigarren formen. Diese 30 Minuten in den Kühlschrank stellen.

3 In einer Schüssel Paniermehl mit Salbei vermischen. Das Mehl in eine zweite Schüssel geben und das verquirlte Ei in eine dritte. Jede Krokette mit Mehl bestäuben und anschließend in dem Ei und danach im Paniermehl wenden. In eine große Pfanne 2 cm hoch Pflanzenöl gießen und erhitzen. Die Kroketten braten, bis sie knusprig und goldbraun sind. 1 Esslöffel Senf mit der Mayonnaise verrühren und zusammen mit den Kroketten servieren.

Für 20 Kroketten

SCHINKEN-KÄSE-KROKETTEN

von Peter Begg

ZUTATEN

- 300 ml Milch
- ½ kleine Zwiebel, geschält
- 2 Gewürznelken
- Salz und Pfeffer
- 50 g Butter
- 100 g Mehl Type 550
- 150 g Cheddar, gerieben
- 100 g Räucherschinken, gehackt
- 4 Frühlingszwiebeln, fein gehackt
- ½ TL Senfmehl
- 2 EL Mehl Type 550, vermischt mit 2 EL Senfmehl
- 4 Eier, verquirlt
- 200 g Paniermehl
- 150 ml Öl

1 Milch, Zwiebel und Gewürznelken in einen kleinen Topf geben, mit Salz und Pfeffer würzen und zum Kochen bringen. Vom Herd nehmen und die Mischung ziehen lassen. In einem zweiten Topf die Butter zerlassen. Das Mehl hinzugeben und gut zu einer Mehlschwitze verrühren. Die Milch durch ein Sieb abgießen, auffangen und nach und nach in die Mehlschwitze träufeln.

2 Verrühren und noch ein paar Minuten weiterkochen. Die Temperatur reduzieren, Käse, Schinken, Frühlingszwiebeln und Senfmehl zugeben. Mit Salz und Pfeffer würzen und zum Abkühlen in eine Auflaufform umfüllen.

3 Die Masse in 20 Portionen teilen und diese zu Bällchen formen. 30 Minuten in den Kühlschrank stellen, damit sie fest werden.

4 Die Bällchen in die Mehl-Senf-Mischung, anschließend in die verquirlten Eier und das Paniermehl tauchen.

5 Eine große Pfanne mit Öl bei starker Hitze erwärmen. Die Hälfte der Kroketten hineingeben und in 6 Minuten goldbraun und knusprig braten, dabei regelmäßig wenden. Um den Garzustand zu überprüfen, eine Krokette durchschneiden und, falls erforderlich, noch etwas weiterbraten. Die Kroketten mit einem Schaumlöffel herausnehmen und auf Küchenpapier abtropfen lassen. Vor dem Servieren mit Salz bestreuen.

Für 8 Portionen

FRITTIERTES RUM-HÄHNCHEN MIT MAIS-SALSA

von Andy Harris

ZUTATEN

- 1 Hähnchen, in 8 Stücke geschnitten
- 4 getrocknete Chilischoten, entkernt
- 360 g Paniermehl
- 2 l Öl zum Frittieren
- 180 g Mehl
- Salz und Pfeffer
- 4 Eier
- 3 EL weißer Rum
- 2 EL Chilisauce

Für die karibische Gewürzpaste

- 1 Stange Staudensellerie (mit den Blättern), gehackt
- 2 Knoblauchzehen, geschält
- Saft von 2 Limetten
- 3 EL Olivenöl
- 1 Chilischote der Sorte Scotch Bonnet, entkernt und gehackt
- 3 Frühlingszwiebeln, gehackt
- 1 kleine Handvoll Basilikum, gehackt
- 1 TL gemahlene Gewürznelken
- 1 TL gemahlener Ingwer
- 1 TL Viergewürz (französische Gewürzmischung aus Pfeffer, Ingwer, Muskat und Nelken)
- 4 EL weißer Rum
- 2 TL Paprikapulver
- 3 EL gehackte Thymianblättchen

Für die Salsa aus gegrilltem Mais

- 4 Maiskolben
- 2 Vogelaugenchilis (Bird's-Eye-Chili), entkernt und gehackt
- 4 Frühlingszwiebeln, gehackt
- 3 EL gehacktes Koriandergrün
- 8 EL Olivenöl
- Saft von 3 Limetten

1 Die Gewürzpaste zubereiten: Alle Zutaten im Standmixer pürieren. Mit Salz und Pfeffer würzen.

2 Alle Hähnchenstücke dreimal einschneiden und in eine große Schüssel geben. Mit der Gewürzpaste einreiben, vor allem die Einschnitte. Mit Frischhaltefolie abdecken und im Kühlschrank 6 Stunden marinieren lassen.

3 Die Chilischoten in einer Pfanne bei mittlerer Hitze 3 Minuten rösten. Auf ein Schneidbrett legen, grob hacken und im Mixer pürieren. Das Paniermehl hinzugeben und das Ganze zu einem groben Pulver vermischen. In eine Schüssel geben.

4 Das Frittieröl in einem großen Topf oder einer Fritteuse auf 180 °C erhitzen. Inzwischen das Mehl in eine Schüssel sieben und mit Salz und Pfeffer würzen. In einer zweiten Schüssel Eier, Rum und Chilisauce vermengen.

5 Das Hähnchenfleisch nacheinander in Mehl, Eiermischung und Paniermehl wenden und großzügig damit überziehen. Mit einer Zange 4–5 Hähnchenstücke ins heiße Öl geben. Den Topf nicht überladen. Beim Frittieren von Lebensmitteln stets sehr vorsichtig vorgehen und dafür sorgen, dass die Kinder nicht in die Küche kommen.

6 Die Hähnchenstücke 20–25 Minuten frittieren, bis die Panade goldbraun und das Hähnchenfleisch gar ist. Auf Küchenpapier abtropfen lassen und im Backofen bei niedriger Temperatur warm halten.

7 Die Salsa zubereiten: Die Maiskolben in einer gusseisernen Grillpfanne bei

© Con Poulos

mittlerer Hitze 15 Minuten grillen, dabei regelmäßig wenden. Auf ein Schneidbrett legen und mit einem scharfen Messer alle Körner ablösen. Den Mais zusammen mit Chilischoten, Frühlingszwiebeln, Koriander, Olivenöl und Limettensaft in eine Schüssel geben, mit Salz und Pfeffer würzen und vermengen. Hähnchenstücke mit der Salsa auf einem Teller servieren.

Frischer Mais hat einen einzigartigen Geschmack, süß und kräftig zugleich; zusammen mit Chili oder Zitronensaft kommt er besonders gut zur Geltung.

Für 16–20 Kroketten

RICOTTA-KROKETTEN

von Familie Ravida

ZUTATEN

- Mehl
- 300 g Ricotta, abgetropft
- 3 EL frisch geriebener Pecorino
- 1 EL fein gehackte glatte Petersilie
- 60 g feines Paniermehl
- Salz und Pfeffer aus der Mühle
- 600 ml Olivenöl

1 Einen Teller mit Mehl bestäuben. Ricotta, Pecorino, Petersilie und Paniermehl in einer Schüssel vermischen. Mit Pfeffer und ein wenig Salz würzen. Von der Masse einen gehäuften Esslöffel ausstechen und eine runde, flache Krokette daraus formen. Mit Mehl bestäuben. Arbeitsschritt mit dem übrigen Teig wiederholen.

2 Einen großen Topf 1,5 cm hoch mit Olivenöl füllen. Bei mittlerer Hitze erwärmen und, wenn das Öl heiß genug ist, vorsichtig einige Kroketten hineingeben. In etwa 5 Minuten goldbraun frittieren. Auf Küchenpapier abtropfen lassen. Die übrigen Kroketten ebenso frittieren. Sofort servieren.

Dieses Rezept ist aus Familie Ravidas Küche geradewegs zu uns gelangt.

Der milde italienische Ricotta schmeckt lauwarm noch besser, zum Beispiel in einem knusprigen Mantel wie bei diesen Kroketten.

Für 15–20 Häppchen

FRITTIERTER BLUMENKOHL MIT WÜRZIGER TOMATENSAUCE

von Andy Harris

Blumenkohl stellt man sich zumeist gekocht oder als Gratin vor. Das mag vielleicht ungewohnt klingen, aber auch frittiert schmeckt er köstlich! Bei diesem Rezept entfalten sich seine ganzen Aromen ...

ZUTATEN

- 6 EL Mehl
- 3 Eier, verquirlt
- 180 g Paniermehl
- 50 g Pecorino oder Parmesan, frisch gerieben
- 1 Blumenkohl, in Röschen zerteilt
- Olivenöl, zum Frittieren

Für die würzige Tomatensauce

- 1 EL Olivenöl
- 1 EL *Harissa*-Chilipaste (tunesische Würzpaste, siehe Seite 73)
- 300 g passierte Tomaten
- Salz und Pfeffer

1 Die Sauce zubereiten: Das Olivenöl in einem kleinen Topf erhitzen. Chilipaste und passierte Tomaten zugeben. Mit Salz und Pfeffer würzen und bei niedriger Hitze 8–10 Minuten köcheln.

2 In einem Schälchen Mehl und Eier vermengen. In einer Schüssel Paniermehl und Käse mischen.

3 Die Blumenkohlstücke in kochendem Salzwasser garen, abtropfen lassen und auf Küchenpapier legen.

4 Eine große Pfanne bei mittlerer Hitze etwa 2 cm hoch mit Olivenöl füllen. Die Blumenkohlstücke rasch in die Eier-Mehl-Mischung, anschließend in das mit Käse gewürzte Paniermehl tauchen. Vorsichtig ins heiße Öl gleiten lassen und goldbraun ausbacken. Den Blumenkohl auf Küchenpapier abtropfen lassen und auf einem Teller anrichten. Zusammen mit der würzigen Tomatensauce warm oder kalt servieren.

Für 24 Ravioli

TEIGTASCHEN MIT SCHWEINEFLEISCH-KOHL-FÜLLUNG

von Kate McCullough

ZUTATEN

- 150 g Mehl Type 550
  + Mehl für die Arbeitsfläche
- 2 EL Öl

Für die Füllung

- 120 g Wirsing, in dünne Streifen geschnitten
- 200 g Schweinehackfleisch
- 3 Frühlingszwiebeln, in dünne Ringe geschnitten
- 1 EL Reisessig
- 1 TL Sojasauce
- 1 TL Sesamöl

Für die Sauce

- 4 EL Sojasauce
- 1 TL Sesamöl
- 1 Chilischote, entkernt und gehackt

1 Den Teig zubereiten: Das Mehl in eine Schüssel sieben und nach und nach 90 ml kaltes Wasser einrühren, bis ein fester Teig entsteht. Mit Frischhaltefolie abdecken und 20–30 Minuten in den Kühlschrank stellen.

2 Eine Arbeitsfläche mit Mehl bestäuben. Den Teig in 24 Stücke schneiden und diese zu Kreisen mit 10 cm Durchmesser ausrollen. Alle Zutaten der Füllung vermischen und einen gehäuften Teelöffel davon in die Mitte jedes Teigkreises setzen. Die Ränder mit Wasser bestreichen, einschlagen und zusammendrücken, um die Teigtaschen zu verschließen.

3 1 Esslöffel Öl in einer großen antihaftbeschichteten Pfanne bei mittlerer bis starker Hitze erwärmen. Die Hälfte der Teigtaschen 1–2 Minuten braten, bis sie auf der Unterseite goldbraun sind. 200 ml Wasser angießen, mit Alufolie zudecken, die Temperatur reduzieren und noch 4–5 Minuten weiterbraten, bis sie durchgegart sind. Vom Herd nehmen und warm halten.

4 Die Pfanne auswischen und die restlichen Teigtaschen auf dieselbe Weise braten. Alle Zutaten der Sauce mischen und diese zusammen mit den Teigtaschen servieren.

Für 4 Personen

SÜSSKARTOFFEL-WEDGES MIT CHILI-SALSA

von Kate McCullough

ZUTATEN

- 800 g Süßkartoffeln, geviertelt
- je 1 große Prise gemahlener Kreuzkümmel und Koriander
- Salz und Pfeffer
- Olivenöl, zum Beträufeln
- 4 reife Tomaten, fein gehackt
- 1 kleine rote Zwiebel, geschält und fein gehackt
- 1 Chilischote, entkernt und fein gehackt
- 1 kleines Bund Koriandergrün, Blätter abgezupft und fein gehackt
- Saft von 1 Limette

1 Den Backofen auf 220 °C vorheizen. In einer Schüssel Süßkartoffelviertel mit Gewürzen vermischen. Salzen und pfeffern, mit etwas Olivenöl beträufeln. Die Kartoffeln auf ein Backblech legen und im Backofen 20 Minuten backen, bis die Wedges außen schön kross und innen weich sind.

2 Die restlichen Zutaten in einem Schälchen verrühren und mit Salz und Pfeffer würzen. Abschmecken und je nach Geschmack noch Chili oder Limettensaft hinzugeben. Die Wedges zusammen mit der Chili-Salsa servieren.

Mit diesen leicht süßlichen Wedges und einer ausgesprochen pikanten Sauce sorgen Sie für Abwechslung auf dem Tisch! Kleiner Tipp: Da Süßkartoffeln nur eine dünne Schale haben, braucht man sie nicht zu schälen.

Die aus Lateinamerika stammenden Süßkartoffeln oder Bataten unterscheiden sich in der Farbe ihrer Knollen. Die Schale ist zumeist rot oder rotbraun und das Fleisch orange bis hellgelb.

TARTES & BLÄTTERTEIG

REZEPTE

Muffins mit Pilz-Pancetta-Füllung • Krabbenfleisch-Burger • Tarte mit roten Zwiebeln • Einfache Schweinefleisch-Pies • Vol-au-vents mit Sahnepilzen • Spinat-Feta-Törtchen • Mini-Frittatas • Briks mit Kalbfleisch • Scharfe Würstchen im Blätterteigmantel • Blätterteigtaschen mit Lamm und Kichererbsen

Für 12 Muffins

MUFFINS MIT PILZ-PANCETTA-FÜLLUNG

von Christina McCloskey

Pancetta, auch „italienischer Bacon" genannt, ist eine italienische Variante des gesalzenen Bauchspecks vom Schwein. Sollten Sie keine Pancetta finden, können Sie auch Schinkenspeck nehmen.

ZUTATEN

- 200g Mehl
- 2 TL Backpulver
- ½ TL Natron
- 25g Pinienkerne, geröstet
- 50g Parmesan, gerieben + Parmesan, zum Bestreuen
- Salz und Pfeffer
- 2 Eier
- 250g Naturjoghurt
- 4 EL Olivenöl + Olivenöl, zum Anbraten
- 200g Pilze
- 4 Scheiben Pancetta, hauchdünn geschnitten

1 Den Backofen auf 200°C vorheizen und Muffinförmchen in die 12 Vertiefungen eines Muffinblechs setzen. In einer großen Schüssel Mehl, Backpulver, Natron, Pinienkerne, Parmesan, 1 Prise Salz und Pfeffer vermischen.

2 In einer zweiten Schüssel Eier mit Joghurt und 4 Esslöffeln Olivenöl verquirlen. Das Ganze in die Mehlmischung gießen und diese dabei mit einem Teigschaber kurz, aber nicht zu stark zu einem Teig verrühren.

3 In einer großen Pfanne Pilze und Pancetta in etwas Öl leicht anbraten und unter den Teig heben. Den Teig in die Vertiefungen der Muffinform füllen und mit Parmesan bestreuen. Im Backofen 15 Minuten backen. Zur Garprobe einen Holzspieß in die Mitte der Muffins stecken. Haftet nach dem Herausziehen kein Teig daran, sind sie gar. Vor dem Servieren abkühlen lassen.

© David Loftus

Für 10 Burger

KRABBENFLEISCH-BURGER

von Andy Harris

ZUTATEN

- 750 g gekochtes Krabbenfleisch
- 300 g Kartoffeln, gekocht und zerstampft
- 3 Frühlingszwiebeln, gehackt
- 2 EL fein gehackte Petersilie
- 1 TL gemahlener weißer Pfeffer und Cayennepfeffer
- 1 Ei, verquirlt
- Salz
- Mehl, zum Bestäuben
- Olivenöl, zum Anbraten
- Kresse und *Sauce tartare* (siehe Kästchen), zum Servieren

1 Krabbenfleisch, Kartoffeln, Frühlingszwiebeln, Petersilie, weißen Pfeffer, Cayennepfeffer und Ei in einer Schüssel vermischen. Die Masse leicht salzen und für 30 Minuten im Kühlschrank kalt stellen.

2 Aus der Masse 6 Burger mit 6 cm Durchmesser formen. Mit Mehl bestäuben und bei mittlerer Hitze in Olivenöl auf jeder Seite etwa 5 Minuten goldbraun braten. Mit Kresse und *Sauce tartare* servieren.

Sauce tartare

Für eine hausgemachte *Sauce tartare*: 2 Eigelbe mit 1 Prise Salz und Pfeffer verquirlen. Nach und nach 250 ml Öl hineinträufeln, bis eine sämige Mayonnaise entsteht, und 1 Esslöffel Essig zugeben. 1 Schalotte würfeln, die Kräuter (Estragon, Petersilie, Kerbel, Schnittlauch) fein hacken und zu der Mayonnaise geben.

© Tara Fisher

Für 12 Portionen

TARTE MIT ROTEN ZWIEBELN

von Ginny Rolfe

ZUTATEN

- Olivenöl, zum Bestreichen und Anschwitzen
- 500 g gebrauchsfertiger Blätterteig
- Mehl, zum Bestäuben
- 8 rote Zwiebeln, geschält und in dünne Ringe geschnitten
- 2 Knoblauchzehen, geschält und in dünne Scheiben geschnitten
- Blätter von einigen Zweigen Thymian
- 1 kleine getrocknete rote Chilischote, entkernt und zerkrümelt (nach Belieben)
- Salz und Pfeffer
- 50 g Ziegenkäse, zerkrümelt

1 Den Backofen auf 190 °C vorheizen. Eine Lage Backpapier dünn mit Öl bestreichen. Den Blätterteig auf einer bemehlten Arbeitsfläche zu einem 22 x 30 cm großen, etwa 5 mm dicken Rechteck ausrollen. Einen 2 cm breiten Rand frei lassen. Den Teig auf das Backpapier legen und bis zur Weiterverwendung im Kühlschrank kühl stellen.

2 Die Füllung zubereiten: In einer Pfanne etwas Öl erhitzen und Zwiebeln, Knoblauch, die Hälfte des Thymians und gegebenenfalls die Chilischote dazugeben. 15 Minuten zugedeckt köcheln lassen, gelegentlich umrühren, bis die Mischung weich ist und karamellisiert. Kräftig mit Salz und Pfeffer würzen.

3 Die Füllung auf dem Teig verteilen. Mit dem restlichen Thymian und dem Ziegenkäse bestreuen. Im Backofen auf der untersten Schiene 20–25 Minuten backen. Der Teig soll knusprig sein. Die Tarte lauwarm, in kleine Stücke geschnitten, servieren.

Für 4 Pies

EINFACHE SCHWEINE-FLEISCH-PIES

von Anna Jones

ZUTATEN

- Olivenöl, zum Anbraten
- 1 rote Zwiebel, geschält und in dünne Ringe geschnitten
- Blätter von einigen Zweigen Thymian
- 6 englische Schweinswürstchen bester Qualität (etwa 400 g)
- 1 Prise Viergewürz (französische Gewürzmischung aus Pfeffer, Ingwer, Muskat und Nelken)
- 1 kräftige Prise Muskatnuss, frisch gerieben
- Salz und Pfeffer
- 1 Ei, verquirlt

Für den Teig

- 150 g Schweineschmalz oder Butter
- 1 TL Salz
- 500 g Mehl

1 Den Backofen auf 180 °C vorheizen. In einer Pfanne das Olivenöl erhitzen und darin die Zwiebel anschwitzen. Nach 3 Minuten den Thymian zugeben und 2–3 Minuten weitergaren. Vom Herd nehmen.

2 Den Teig zubereiten: In einem Topf das Schmalz in 250 ml Salzwasser zum Kochen bringen. Das Mehl in eine Schüssel sieben und in die Mitte eine Mulde drücken. Das Schmalz hineingießen. Das Ganze zu einem Teig verarbeiten. So weit abkühlen lassen, dass man ihn noch gut anfassen kann, er aber noch warm ist.

3 Den Teig in zwei oder vier Kugeln teilen. Ein Viertel von jeder Kugel in Frischhaltefolie verpacken und beiseitestellen. Die restlichen Teigstücke ausrollen und Ramequin-Förmchen damit auslegen, Teig etwas über den Rand hängen lassen. Den Teig mit einem Tortenring in die Förmchen drücken, damit es keine Luftblasen gibt. Den über den Rand der Ramequins stehenden Teig abschneiden.

4 Die Würstchen aufschneiden, das Fleisch herausnehmen und mit Zwiebel, Viergewürz und Muskatnuss vermischen. Mit Salz und Pfeffer würzen. Die Masse auf die Förmchen verteilen, etwas hineindrücken, um sie vollständig auszufüllen.

5 Die beiseitegelegten Teigstücke etwas größer als die Förmchen ausrollen. Diese Deckel auf die Förmchen legen. Mit dem verquirlten Ei bestreichen und mit einem Tortenring die Teigränder festdrücken. Den überstehenden Teig abschneiden und die Ränder in Form bringen: Dazu oberen und unteren Teigrand mit den Fingern zusammendrücken und den Rand so verschließen.

6 Mit einem kleinen Messer aus der Mitte jedes Pastetendeckels einen Kreis von 1 cm Durchmesser schneiden. Dabei das Förmchen drehen.

© Myles New

7 Im Backofen 30 Minuten backen. Die Förmchen aus dem Backofen nehmen und abkühlen lassen, dann die Pies mit einem Messer von den Rändern der Förmchen lösen. Mit einem Topflappen die Pies vorsichtig aus den Förmchen gleiten lassen. Auf eine Platte legen und mit Ei bestreichen. Anschließend mit Alufolie bedecken, damit sie nicht zu dunkel werden, und wieder in den Ofen geben. Noch 20 Minuten backen. Vor dem Servieren auskühlen lassen.

Sie können diese Pies in einer beliebig kleinen runden Form backen. Aber am besten eignen sich Ramequin-Förmchen mit hohem geradem Rand.

Für 12 Personen

VOL-AU-VENTS MIT SAHNEPILZEN

von Ginny Rolfe

ZUTATEN

- Mehl, zum Bestäuben
- 350g gebrauchsfertiger Blätterteig mit reiner Butter
- 1 Ei, verquirlt
- Olivenöl, zum Anbraten
- 250g gemischte Pilze, gehackt
- 2 Knoblauchzehen, geschält und in dünne Scheiben geschnitten
- 1 getrocknete rote Chilischote, entkernt und zerkrümelt (nach Belieben)
- 1 Spritzer Zitronensaft
- 2 EL Crème fraîche
- Salz und Pfeffer
- einige Stängel glatte Petersilie, Blätter abgezupft und gehackt

1 Den Backofen auf 190°C vorheizen. Ein Backblech mit Backpapier auslegen. Auf einer bemehlten Arbeitsfläche den Blätterteig 5mm dick ausrollen. Mit einer Messerspitze oder mit einem Glas 12 Teigkreise von etwa 6cm Durchmesser ausschneiden bzw. ausstechen (falls erforderlich, die Teigreste neu ausrollen).

2 Die Teigkreise auf das Backblech legen, mehrmals mit einer Gabel einstechen und mit dem verquirlten Ei bestreichen. Im Backofen auf der obersten Schiene 12 Minuten backen, bis sie aufgegangen, knusprig und goldbraun sind.

3 In der Zwischenzeit in einer großen Pfanne das Öl erhitzen und Pilze, Knoblauch und gegebenenfalls die Chilischote darin goldbraun braten. Vom Herd nehmen, Zitronensaft und Crème fraîche unterrühren. Kräftig mit Salz und Pfeffer würzen und etwas Petersilie hinzufügen. Falls die Pilzmasse zu trocken ist, ein wenig Wasser angießen, bis die Sauce eine cremige Konsistenz aufweist.

4 Von jedem Vol-au-vent oben eine dünne Scheibe abschneiden und die Pastete vorsichtig aushöhlen. Mit den Sahnepilzen füllen und servieren. Die Vol-au-vents können natürlich auch mit Teigdeckel serviert werden, dazu diese einfach wieder aufsetzen.

Filo- (oder Yufka-)Teig wird traditionell in der griechischen und türkischen Küche verwendet. Er besteht aus hauchdünn ausgerollten Teigblättern. Die damit zubereiteten Gerichte werden überaus luftig. Sollten Sie keinen Filoteig finden, können Sie ihn durch Brik-Teig (nordafrikanisch) ersetzen, der auch mehrlagig verwendet werden kann, ebenso knusprig wie Filoteig ist, aber nicht so geschmeidig und formbar.

Für 16 Törtchen

SPINAT-FETA-TÖRTCHEN

von Kate McCullough

ZUTATEN

- 1 Zwiebel, geschält und gewürfelt
- 1 Knoblauchzehe, geschält und gehackt
- Olivenöl, zum Anbraten
- 1 Packung Filoteig-Blätter (siehe Kästchen)
- 25 g Butter, zerlassen
- 400 g Blattspinat
- 6 Eier
- 150 g Crème fraîche
- Salz und Pfeffer
- 200 g Feta, zerkrümelt
- Pinienkerne, geröstet, zum Garnierem (nach Belieben)

1 Den Backofen auf 190 °C vorheizen. In einer Pfanne Zwiebel und Knoblauch in reichlich Olivenöl leicht anbraten.

2 In der Zwischenzeit 4 Blätter Filoteig leicht versetzt übereinanderlegen und ausrollen. Mit zerlassener Butter bestreichen und mit weiteren 4 Blättern bedecken. Den Arbeitsschritt wiederholen, bis drei Schichten Filoteig übereinanderliegen. Dann die Blätter in 16 Quadrate schneiden und diese in die Vertiefungen von eingefetteten Backförmchen drücken.

3 Den Spinat waschen und abtropfen lassen. In die Pfanne mit Zwiebel und Knoblauch geben und kurze Zeit zugedeckt köcheln lassen. Sobald der Spinat gar ist, vom Herd nehmen, in ein Sieb geben und abtropfen lassen.

4 Eier mit Crème fraîche verquirlen, salzen und pfeffern und das Ganze mit Spinat und Feta in einer Schüssel vermengen. Die Mischung in die Förmchen füllen und die Törtchen im Backofen etwa 20 Minuten backen, bis die Füllung fest ist. Nach Belieben mit gerösteten Pinienkernen garnieren.

Für 12 Mini-Frittatas

MINI-FRITTATAS

von Christina McCloskey

© Laura Edwards

ZUTATEN

- 6 Eier
- 2 EL Milch
- Salz und Pfeffer
- Öl, zum Einfetten
- gegrillter Spargel und frische Minze, in der Pfanne gebratene Pilze und Bacon, geriebener Käse und Kirschtomaten, zum Belegen

1 Den Backofen auf 180 °C vorheizen. In einer kleinen Schüssel Eier und Milch vermischen und mit Salz und Pfeffer würzen. Die 12 Vertiefungen einer Tartelette- oder Muffinbackform einfetten und mit der Eiermischung füllen. Wunschbelag hinzufügen.

2 Im Backofen 12–15 Minuten backen, bis alles schön knusprig und goldbraun ist. Etwas abkühlen lassen, dann aus der Form stürzen. Zu diesen Frittatas passt ausgezeichnet ein grüner Salat.

Die Frittata ist eine italienische Spezialität, ähnlich dem herkömmlichen Omelett. Je nach Geschmack kann man sie mit vielen Zutaten kombinieren, mit Fleisch, Gemüse, Käse usw. Das Besondere daran: Die Frittata wird nicht in der Pfanne, sondern im Ofen gebacken, damit sie knusprig und goldbraun wird. Man kann sie warm oder kalt servieren, als Hauptgericht oder Vorspeise – Sie haben die Wahl!

© Sam Stowell

Harissa ist eine scharfe Gewürzpaste aus Tunesien mit roten Chilischoten, die gern verwendet wird, um Gerichten wie Couscous oder Füllungen und Saucen eine pikante Note zu verleihen.

Für 8 Briks

BRIKS MIT KALBFLEISCH

von Andy Harris

ZUTATEN

- 350 g gehacktes Kalbfleisch
- Olivenöl, zum Anbraten
- 1 Zwiebel, geschält und gerieben
- 2 Knoblauchzehen, geschält und gerieben
- 1 TL gemahlener Paprika, Zimt, Kreuzkümmel und Ingwer
- 8 Blätter Filoteig (siehe Seite 70)
- *Harissa*, zum Servieren (siehe Kästchen)

1 In einem Topf das Hackfleisch in etwas Olivenöl bei mittlerer Hitze goldbraun braten und beiseitestellen.

2 In demselben Topf Zwiebel und Knoblauch 3–4 Minuten anbraten, dann Paprika, Zimt, Kreuzkümmel und Ingwer zugeben. Unter gleichmäßigem Rühren 2–3 Minuten braten. Das Fleisch hinzufügen und noch 10 Minuten weiterbraten, dann abkühlen lassen.

3 Die Füllung auf Filoteig-Blätter geben und diese in Zigarrenform rollen.

4 In einer Pfanne bei mittlerer Hitze Öl erwärmen und darin immer zwei oder drei Briks (nordafrikanische gefüllte Teigtaschen) in 3–5 Minuten goldbraun braten. Mit *Harissa* servieren.

BEST ALE
SMITH

Diese Röllchen eignen sich perfekt für einen Überraschungs-Aperitif! Sie lassen sich leicht und schnell zubereiten und schmecken allen!

Für 4 Personen

SCHARFE WÜRSTCHEN IM BLÄTTERTEIG-MANTEL

von Peter Begg

ZUTATEN

- 3–4 rote Chilischoten (je nachdem, was Sie vertragen – wir haben 6 genommen, wir sind aber auch tollkühn!)
- ½ TL geräuchertes Paprikapulver
- 500 g Mett (mageres Hackfleisch vom Schwein)
- Salz und Pfeffer
- Mehl, zum Bestäuben
- 500 g Blätterteig
- 2 Eigelb, mit etwas Milch verquirlt
- 1 EL Kreuzkümmelsamen

1 Den Backofen auf 180 °C vorheizen. Die Chilischoten auf einen Spieß stecken und über einer Gasflamme oder in einer gusseisernen Grillpfanne ganz dunkel rösten. In eine Schale legen, mit Frischhaltefolie abdecken und abkühlen lassen. Sobald sie abgekühlt sind, schälen und die Samen entfernen, es sei denn, Sie wollen in Ihrem Gaumen ein Feuer entfachen! Die Chilischoten hacken und mit Paprika, 1 Prise Pfeffer und Mett vermengen.

2 Eine Arbeitsfläche mit Mehl bestäuben. Den Blätterteig halbieren und zu zwei 50 x 15 cm großen Streifen ausrollen. Das Mett zu zwei Würsten formen und diese in die Mitte jedes Teigstreifens legen. Die Ränder jedes Teigstreifens mit verquirltem Eigelb bestreichen. Die Teigstreifen zusammenklappen und gut verschließen.

3 Die Oberfläche der Teigrollen mit Eigelb bestreichen, mit Kreuzkümmel und Salz bestreuen. Von jeder Rolle 5 cm breite Stücke abschneiden und auf ein mit Backpapier ausgelegtes Backblech setzen. Im Backofen 20 Minuten backen, bis die Röllchen aufgegangen und goldbraun sind.

Für 12 Blätterteigtaschen

BLÄTTERTEIG-TASCHEN MIT LAMM UND KICHERERBSEN

von Georgie Socratous

ZUTATEN

- 4 kleine Lammkeulen
- Mehl, mit Salz und Pfeffer gewürzt
- Olivenöl, zum Anschwitzen
- 1 rote Zwiebel, geschält und gehackt
- 2 Knoblauchzehen, geschält und in dünne Scheiben geschnitten
- 2 Stangen Staudensellerie, gehackt
- 2 Möhren, geschält und gewürfelt
- ½ kleine Steckrübe, geschält und gewürfelt
- 2 Lorbeerblätter
- 1 kleine Handvoll Rosmarinblättchen, gehackt
- 1 EL Tomatenmark
- 400 g Kichererbsen (aus dem Glas), abgetropft
- 750 ml Rotwein
- Salz und Pfeffer
- 2 Rechtecke gebrauchsfertiger Blätterteig mit reiner Butter
- 1–2 Eier, verquirlt

1 Die Lammkeulen mit dem gewürzten Mehl bestäuben, in einer Pfanne goldbraun braten und beiseitestellen. Etwas Öl in einen Schmortopf geben, Zwiebel und Knoblauch 10 Minuten anschwitzen. Sellerie, Möhren, Steckrübe, Lorbeer, Rosmarin und Tomatenmark zugeben. 5–10 Minuten dünsten.

2 Lammkeulen, Kichererbsen und Wein zugeben. Bei Bedarf Wasser angießen, um das Ganze zu bedecken. Mit Salz und Pfeffer würzen. Zum Kochen bringen, dann die Temperatur reduzieren, zudecken und 2 Stunden bei niedriger Hitze schmoren, bis sich das Fleisch vom Knochen löst. Fast die gesamte Flüssigkeit abseihen und das Fleisch in kleine Würfel schneiden.

3 Den Backofen auf 200 °C vorheizen. Jedes Blätterteig-Rechteck in 6 Stücke schneiden und diese zu Kreisen mit dem Durchmesser eines Tellers ausrollen. In die Mitte der Teigkreise geschmortes Lamm geben, dabei einen Rand von 1,5 cm lassen. Die Kanten mit verquirltem Ei bestreichen. Die Teighälften einschlagen, sodass halbkreisförmige Taschen entstehen. Zum Verschließen die Ränder gut zusammendrücken. Die Blätterteigtaschen mit verquirltem Ei bestreichen und im Backofen etwa 25–30 Minuten backen, bis sie goldbraun und gar sind.

© David Loftus

SANDWICHES & BRÖTCHEN

REZEPTE

Aufgepepptes Käsesandwich • Geröstete Brotscheiben mit Rinder-carpaccio • Cocktail-Sandwiches mit Huhn und Sellerie • Mini-Brötchen mit Rührei und Räucherlachs • Geflügelleber-Toasts

Für 4 Sandwiches

AUFGEPEPPTES KÄSESANDWICH

von Jamie Oliver

Mitunter braucht es nur ein paar Chips, um ein langweiliges Sandwich in einen äußerst appetitlichen Imbiss zu verwandeln.

ZUTATEN

- 1 knuspriges Baguette
- Salzbutter, zum Bestreichen
- Dijon-Senf, zum Bestreichen
- 50 g Emmentaler oder Greyerzer
- 60 g in Essig eingelegte Zwiebeln, in hauchdünne Scheiben geschnitten
- 40 g Gewürzgürkchen, in hauchdünne Scheiben geschnitten
- 75 g gesalzene Kartoffelchips

1 Das Baguette in Alufolie einwickeln und im Backofen 5 Minuten aufbacken, damit es luftiger wird. In vier Stücke schneiden, diese der Länge nach halbieren und nach Herzenslust mit Butter bestreichen. Als Kontrast zum sahnigen Käse, 1 Tupfer (oder mehr) Senf dazugeben.

2 Den Käse so dünn wie möglich schneiden, dazu gehört ein bisschen Fingerspitzengefühl. Wenn möglich, einen Käsehobel oder Sparschäler verwenden. Das Brot der Länge nach mit den Käsescheiben belegen und mit Zwiebeln und Gewürzgürkchen großzügig garnieren.

Wenn Sie dem Sandwich eine italienische Note geben wollen, ersetzen Sie den Emmentaler durch dünne Scheiben Parmesan und geben Sie ein paar Blätter Rucola dazu.

3 Zum Schluss die knusprigen Chips dazugeben und das Baguette zuklappen. Sind solche Sandwiches für ein Picknick geplant, mit einem Bindfaden zusammenhalten.

Für 16 Brotscheiben

GERÖSTETE BROTSCHEIBEN MIT RINDERCARPACCIO

von Ginny Rolfe

Ein Steak für einen kleinen Imbiss, ist das nicht etwas übertrieben? Vielleicht, aber es handelt sich nur um eine dünne Scheibe auf jedem Toast. Die Rote Bete nehmen Sie am besten vorgekocht, Sie können sie auch in feine Würfel schneiden.

ZUTATEN

- einige Zweige Thymian, Blätter abgezupft und gehackt
- Salz und Pfeffer
- Olivenöl, zum Beträufeln
- 1 Steak (250–300 g) vom Rind
- 2 Rote-Bete-Knollen, gekocht und geschält
- Balsamico-Essig, zum Beträufeln
- 1 Ciabatta-Brot oder Baguette, aufgeschnitten
- 1 Knoblauchzehe, geschält und halbiert
- 2 EL Meerrettich
- einige Blätter Brunnenkresse, zum Garnieren

1 Auf ein Schneidbrett den Thymian streuen und mit je 1 Prise Salz und Pfeffer sowie ein paar Tropfen Olivenöl vermischen. Das Fleisch auf das Brett legen und durchschneiden. Jede Hälfte im Thymian wenden.

2 Eine Pfanne bei starker Hitze heiß werden lassen und das Fleisch von allen Seiten anbraten. Auf einen Teller legen, etwas Olivenöl darüberträufeln und ruhen lassen.

3 Eine gusseiserne Grillpfanne bei starker Hitze vorheizen. In der Zwischenzeit von den Rote-Bete-Knollen mit einem Sparschäler dünne Scheibchen abhobeln. Mit 1 Schuss Olivenöl, 1 Spritzer Balsamico-Essig, Salz und Pfeffer würzen.

4 Das Brot in der Grillpfanne auf beiden Seiten toasten, mit Knoblauch einreiben und mit Olivenöl beträufeln.

5 Die gerösteten Brotscheiben erst kurz vor dem Servieren anrichten: Das Fleisch in hauchdünne Scheiben schneiden und mit der Roten Bete vermischen. Auf jede Brotscheibe Fleisch und Rote Bete legen, mit Meerrettich und je 1 Blatt Kresse garnieren.

FRANÇAISE
CRÈME
DE L'ARDÈCHE
DEPUIS 1882
www.clementfaugier.fr

Für 15 Häppchen

COCKTAIL-SANDWICHES MIT HUHN UND SELLERIE

von Andy Harris

© Sam Stowell

ZUTATEN

- 2 Hähnchenbrustfilets, gekocht und in dünne Scheiben geschnitten
- 2 Stangen Staudensellerie, in hauchdünne Scheiben geschnitten
- 5 EL Mayonnaise
- Saft von ½ Zitrone
- Salz und Pfeffer
- 10 dicke Scheiben Weißbrot
- Butter, zum Bestreichen

1 In einer Schüssel Hähnchenbrust, Sellerie, Mayonnaise und Zitronensaft vermischen, salzen und pfeffern. Das Brot mit Butter bestreichen und mit der Hähnchenbrust-Mayonnaise-Mischung zu Sandwiches zusammenstellen. Die Rinde der Sandwiches vorsichtig abschneiden.

2 Jedes Sandwich in drei Streifen schneiden und zu einem kleinen Glas Gin Tonic servieren.

Superleckere Sandwiches

Gar nicht so leicht, ohne das gute alte Sandwich auszukommen. Als Zwischenmahlzeit oder zum Aperitif sieht man es mit Ei und Kresse, Cocktail-Garnelen und Mayonnaise oder hauchdünnen Gurkenscheiben. Bei der *Muffuletta* wird einfach ein rundes Brot waagerecht halbiert, ein Teil der Krume herausgelöst und die untere Hälfte mit eingelegtem Gemüse und Chilischoten belegt. Dann können Sie Mortadella, Salami, Prosciutto, Emmentaler oder Greyerzer, Provolone und mariniertes Gemüse darauflegen. Mit reichlich Olivenöl beträufeln und das Sandwich wieder zuklappen. 30 Minuten durchziehen lassen und warm (im Ofen erwärmt, damit der Käse schmilzt) oder traditionell kalt servieren. Ein weiterer Klassiker ist die Kombination von Räucherlachs und Dillmayonnaise auf Roggenbrot oder gegrillter Cheddar auf Toastbrot, der mit 1 Spritzer Tabasco® oder Worcestersauce besonders zur Geltung gebracht wird.

Für 6 Mini-Brötchen

MINI-BRÖTCHEN MIT RÜHREI UND RÄUCHERLACHS

von Andy Harris

ZUTATEN

- 6 Mini-Hamburger-Brötchen, aufgeschnitten
- 12 Scheiben Räucherlachs
- 6 Eier
- Salz und Pfeffer
- 1 walnussgroßes Stück Butter
- 2 EL gehackter Schnittlauch

1 Die Hamburger-Brötchen leicht toasten und jede Unterseite eines Brötchens mit 1 Scheibe Räucherlachs belegen.

2 In einer kleinen Schüssel die Eier verquirlen und mit Salz und Pfeffer würzen. Die Butter in einer großen Pfanne zerlassen und die Eier hineingeben. Unter ständigem Rühren garen. Vom Herd nehmen, bevor die Eiermasse völlig gestockt ist, und den Schnittlauch unterrühren.

3 Das Rührei auf den Räucherlachs geben. Die Brötchen zuklappen und sofort servieren. Zu diesem köstlichen Aperitif passt gut ein Weißwein.

Für 12 Toasts

GEFLÜGELLEBER-TOASTS

von Jamie Oliver

ZUTATEN

- 1 Eichblattsalat, Blätter abgepflückt
- 1 Kopfsalat, Blätter abgepflückt
- 1 Chicorée, Blätter abgepflückt
- ½ Bund glatte Petersilie
- Himbeeressig, zum Anmachen
- Olivenöl, zum Anmachen
- Salz und Pfeffer
- 2 walnussgroße Stücke Butter
- 2 Knoblauchzehen, geschält und in dünne Scheiben geschnitten
- einige Zweige Thymian, Blätter abgezupft
- 1 Zwiebel, geschält und in dünne Ringe geschnitten
- 500 g Geflügelleber
- 1 Prise Muskatnuss, frisch gerieben
- 3 EL Rotweinessig oder aromatisierter Essig
- 12 Scheiben Ciabatta oder Sauerteigbrot, gegrillt

1 Salate und Petersilie waschen, trocken schleudern und beiseitestellen. Das Dressing zubereiten: In einem Marmeladenglas einen Teil Himbeeressig und drei Teile Olivenöl mischen. Salzen und pfeffern.

2 In einer großen Pfanne bei mittlerer Hitze ein walnussgroßes Stück Butter zerlassen. Knoblauch und Thymian 2–3 Minuten anbraten. Die Temperatur reduzieren, die Zwiebel hinzufügen und 15 Minuten anschwitzen. Das Ganze in eine Schale umfüllen, die Pfanne mit Küchenpapier auswischen und erneut bei starker Hitze erwärmen.

3 Die Leber mit je 1 Prise Salz, Pfeffer und Muskatnuss würzen. Etwas Öl und das übrige walnussgroße Stück Butter ebenfalls in die Pfanne geben. Die Leber 2 Minuten braten, sodass sie innen noch rosa ist. Zwiebel, Knoblauch und Thymian in die Pfanne geben, Rotweinessig oder aromatisierten Essig hinzufügen, verkochen lassen. Vom Herd nehmen.

4 Das Marmeladenglas mit dem Dressing schütteln und über dem Salat verteilen. Den Salat auf einer Servierplatte anrichten. Die Geflügelleber auf den getoasteten Brotscheiben verteilen und ringsherum am Rand der Platte anordnen. So kann sich bei Tisch jeder selbst bedienen.

REZEPTREGISTER

ZUTATENREGISTER

INHALT

AUTOREN

Peter Begg
S. 12, 17 22, 49, 75

Abi Fawcett
S. 46

Laura Fyfe
S. 16

Chris Gates
S. 47

Andy Harris
S. 30, 50, 54, 64, 73, 84, 85

Anna Jones
S. 66

Christina McCloskey
S. 63, 72

Kate McCullough
S. 20, 33, 56, 59, 70

Jamie Oliver
S. 39, 43, 81, 87

Famille Ravida
S. 26, 53

Ginny Rolfe
S. 19, 34, 40, 65, 69, 82

Recipease
S. 15

Georgie Socratous
S. 29, 76

Sarah Tildesley
S. 36

BILDNACHWEIS

© Jan Baldwin: S. 46
© Carolyn Barber: S. 57
© Peter Cassidy: S. 28
© Laura Edwards: S. 72
© Tara Fisher: S. 18, 35, 41, 55, 68, 83
© Dan Jones: S. 16, 62
© Emma Lee: S. 13, 17, 23, 43, 74
© David Loftus: S. 21, 27, 32 38, 42, 52, 58, 64, 71, 77, 80, 85, 86
© Noel Murphy: S. 14
© Myles New: S. 67
© Con Poulos: S. 51
© Sam Stowell: S. 31, 47, 55, 73, 84
© Yuki Sugiura: S. 37

Bilder Jamie Oliver © David Loftus
Umschlag © Tara Fisher

ORIGINALAUSGABE
Rezepte und Fotos aus *Jamie Magazine* veröffentlicht in Großbritannien

Chefredakteur: Andy Harris
Lektoratsleitung: Paul Dring
Herstellungsleitung: Adrienne Pitts
Lektoratsassistenz: Holly O'Neill
Redaktionssekretariat: Georgia Levy
Unter der Leitung von: Jamie Oliver

FRANZÖSISCHE AUSGABE

Leitung: Catherine Saunier-Talec
Leitung Lektorat: Anne la Fay
Lektorat: Juliette Spiteri
Übersetzung: Céline Petit
Korrektorat: Nelly Mégret
Cover- und Innengestaltung: Nicole Dassonville
Réalisation: les PAOistes

FÜR DIESE AUSGABE

Bereich Sondervertrieb
Nr. 2014-SS-013

Aus dem Französischen von: Regine Schmidt, Karlsruhe
Gesamtherstellung dieser Ausgabe: bookwise GmbH, München

Druck: Polygraf Print spol. s r. o., Slowakische Republik

Besuchen Sie uns im Internet
www.dorlingkindersley.de

In dieser Reihe erschienen

jamie
& friends